# BEI GRIN MACHT SICH IHR WISSEN BEZAHLT

AF153728

- Wir veröffentlichen Ihre Hausarbeit,
  Bachelor- und Masterarbeit

- Ihr eigenes eBook und Buch -
  weltweit in allen wichtigen Shops

- Verdienen Sie an jedem Verkauf

## Jetzt bei www.GRIN.com hochladen und kostenlos publizieren

# Analyse großer industrieller Datensätze. Wie werden große Datensätze in der fertigenden Industrie analysiert und verwertet?

Constantin Sinowski

**Bibliografische Information der Deutschen Nationalbibliothek:**

Die Deutsche Nationalbibliothek verzeichnet diese Publikation in der
Deutschen Nationalbibliografie; detaillierte bibliografische Daten sind
im Internet über http://dnb.d-nb.de abrufbar.

ISBN: 9783346701039
Dieses Buch ist auch als E-Book erhältlich.

© GRIN Publishing GmbH
Nymphenburger Straße 86
80636 München

Alle Rechte vorbehalten

Druck und Bindung: Books on Demand GmbH, Norderstedt Germany
Gedruckt auf säurefreiem Papier aus verantwortungsvollen Quellen

Das vorliegende Werk wurde sorgfältig erarbeitet. Dennoch
übernehmen Autoren und Verlag für die Richtigkeit von Angaben,
Hinweisen, Links und Ratschlägen sowie eventuelle Druckfehler keine
Haftung.

Das Buch bei GRIN: https://www.grin.com/document/1264676

Wirtschaftsingenieurwesen Digital Engineering & Management

Hochschule Fresenius onlineplus

Hausarbeit

# Analyse großer industrieller Datensätze

Wie werden große Datensätze
in der fertigenden Industrie
analysiert und verwertet?

NAME: Constantin Sinowski

MODUL: Automatisierung und Digitalisierung in
der Industrie

# Inhaltsverzeichnis

# 1. Abbildungsverzeichnis

# 2. Abkürzungsverzeichnis

| | |
|---|---|
| AI | Artificial Intelligence (dt. *Künstliche Intelligenz*) |
| ATS | Average Time to Signal |
| Bit | Binary Digit (dt. *zweiwertige Ziffer*) |
| BP | Batch Processing |
| Byte | 8 Bit |
| CAD | Computer Aided Design (dt. *Entwurfsprogramm*) |
| CBA | Classification-based Approach |
| CPPS | Cyber-Physical Production System (dt. *Cyber-Physikalisches Produktionssystem*) |
| DaaS | Data-as-a-Service |
| DT | Digital Twin (dt. *Digitaler Zwilling*) |
| EB | Exabyte |
| EC | Edge Computing |
| ETL | Extract Transform Load |
| ERP | Enterprise Ressource Planning |
| EU | European Union |
| FAIR | Findable Accessible Interoperable Reproducible |
| FPR | False Positive Rate |
| GB | Gigabyte |
| GDPR | General Data Protection Regulation (dt. DSGVO, *Datenschschutzgrundverordnung*) |
| GFS | Google File System |
| HDFS | Hadoop Distributed File System |
| HPC | High Performance Computing |
| IBDA | Industrial Big Data Analytics (dt. *Analyse großer industrieller Datensätze*) |
| I4.0 | Industry 4.0 (dt. *Industrie 4.0*) |
| IaaS | Infrastructure-as-a-Service |
| IT | Information Technology |
| IIoT | Industrial Internet of Things (dt. *Industrielles Internet der Dinge*) |
| IPM | Industrial Process Monitoring |
| ISMS | Information Security Management System |

| | |
|---|---|
| **JSON** | Javascript Object Notation |
| **KPI** | Key Performance Indicators |
| **M2M** | Machine-to-machine (dt. *Maschine-zu-Maschine*) |
| **MEWMA** | Multivariate Exponentially Weighted Moving Average |
| **ML** | Machine Learning (dt. *Maschinelles Lernen*) |
| **MR** | Map/Reduce |
| **NISA** | Network Inference Structured Approaches |
| **NOC** | Normal Operating Conditions (dt. *normaler Betriebsablauf*) |
| **OPC-UA** | Open Platform Communications Unified Architecture |
| **OSS** | Open Source Software |
| **OT** | Operational Technology |
| **PC** | Personal Computer |
| **PCA** | Principal Component Analysis |
| **PdM** | Predictive Maintenance |
| **PLC** | Programmable Logic Controller (dt. SPS, *Speicherprogrammierbare Steuerung*) |
| **PLM** | Product Lifecycle Management |
| **PLS** | Partial Least Square |
| **SCADA** | Supervisory Control and Data Acquisition (dt. *Überwachende Kontrolle und Datenerfassung*) |
| **SCM** | Supply Chain Management |
| **SFS** | Smart Factory System (dt. *schlaues Fabriksystem*) |
| **SI** | Système international d'unités (dt. *Internationales Einheitensystem*) |
| **SP** | Stream Processing |
| **SQL** | Structured Query Language |
| **TCP/IP** | Transmission Control Protocol/Internet Protocol |
| **TTM** | Time-to-market |
| **TRU** | Traceable Resource Unit (dt. *nachverfolgbare Wareneinheit*) |
| **RDBMS** | Relational Database Management System |
| **REST API** | Representational State Transfer Application Programming Interface |
| **RFID** | Radio Frequency Identification (dt. *Radiofrequenz-Identifikation*) |
| **ROI** | Return on Investment |
| **QM** | Quality Management (dt. *Qualitätsmanagement*) |
| **WSN** | Wireless Sensor Network |
| **ZB** | Zettabyte |

# Einleitung

Innovative Technologien haben dem Menschen erst durch Wasserdampf, dann mithilfe von Elektrizität routinierte, mechanische Arbeiten abgenommen. Die Digitaltechnik ermöglicht zudem eine Verarbeitung von Informationen, um Betriebsprozesse fortlaufend zu optimieren und neu zu erfinden. Zusammen mit sensibler Sensorik können auch Fertigungsanlagen und deren Wartungsprüfung automatisiert werden und während einer laufenden Produktion Fehler vermieden werden, was zu einer höheren Qualität der Produkte führt. Statt handwerkliche Arbeiten durchzuführen, erhält der Mensch dadurch neue Aufgabengebiete bei der Kontrolle, Steuerung, Überwachung und Verbesserung von Maschinen. Unternehmen nutzen in industriellen Fertigungsanlagen verschiedenste automatisierte Lösungen von mehreren Herstellern. In einer Wertschöpfungskette entstehen in der Logistik eines speziellen Bauteils eines Zulieferers Daten über den Status der derzeitigen Position, durch Prüfungen auf Unversehrtheit und der vollständigen Zahlung der Transaktion. Das empfangende Unternehmen kann wiederum ein Zulieferer eines weiteren Unternehmens oder Konsortiums sein. Falls die anfallenden Daten von Maschinen unterschiedlichster Hersteller und die Transaktionsdaten von einem Unternehmenszusammenschluss nicht durch standardisierte Schnittstellen, Formate, Sprache und Maßeinheiten gleichgeschaltet sind, entsteht eine Barriere. Diese muss mit zusätzlichem Aufwand und Investitionen aller beteiligten Unternehmen überwunden werden, um zeitnahe und aussagekräftige Rückschlüsse über den Zustand einer Produktionsanlage und der entsprechenden Logistik treffen zu können. Mit modernsten Technologien der elektronischen Datenverarbeitung können akkurate Aussagen über zukünftige Zustände erschlossen werden, sodass Steuerungskomponente Anpassungen der Produktionsumgebungen selbst übernehmen.

# 1. Daten

## 1.1. Vorteile elektronischer Datenverarbeitung

Daten beschreiben Zeichen, welche eine Information darstellen und das Wort entstammt dem lateinischen Wort datum (dt. *gegeben*), basierend auf dare (dt. *geben*) - also den gegebenen Tatsachen (Jacobs, 2009).

Viele der einflussreichsten Erfindungen in der menschlichen Geschichte, von der Sprache bis zu modernen Computern, waren jene, welche es Menschen erleichtert haben, Daten zu generieren, zu erfassen und zu verarbeiten (Mankiya et. al., 2011).

Im Standard ISO/IEC 2382 sind Daten als „eine wieder interpretierbare Darstellung von Information in formalisierter Art, geeignet zur Kommunikation, Interpretation oder Verarbeitung" definiert, während im Rechtsbegriff nach § 202a Nr. 2 StGB Daten nur solche sind, „welche elektronisch, magnetisch oder sonst nicht unmittelbar wahrnehmbar gespeichert oder übermittelt werden". Statt sich auf intuitive Einschätzungen zu verlassen, können wichtige Entscheidungen effektiver gefällt werden, wenn Daten für eine entsprechende Situation vorliegen. Mit zusätzlichen Investitionen in Informationstechnologie (IT, *Information Technology*) steigt auch die Produktivität eines Unternehmens (Brynjolfsson, Hitt & Kim, 2011). Die Profitabilität einer Investition in zusätzliche IT-Systeme (ROI, *Return on Investment*) muss den Aufwand für die Anpassung bestehender Systeme und Prozesse in der Industrie überwiegen. Dies kann durch die Erfassung der Metriken (KPI, *Key Performance Indicators*) geschehen, welche die Effektivität von Prozessen messen (Illa & Padhi, 2018).

Wenn die Zeit, die es benötigt, ein neues Produkt auf den Markt zu bringen (TTM, *time-to-market*) reduziert wird, kann ein Unternehmen als Marktführer zusätzliche Umsätze durch Prämienangebote, einen höheren Marktanteil und die Chance erzielen, Industriestandards und technologischen Fortschritt zu definieren (Omar et. al., 2019).

Die Instandhaltung von Maschinen kann bis zu 30% der Betriebskosten (ERP, *Enterprise Ressource Planning*) oder 75% der Kosten für den Produktlebenszyklus (PLM, *Product Life Management)* entsprechen (O'Donovan et. al., 2016).

Durch die Analyse großer industrieller Datensätze (IBDA, *Industrial Big Data Analytics*) konnten industrielle Betriebsprozesse verbessert werden, indem der Umsatz um 33%, die Kundenzufriedenheit um 22% und die Produktqualität um 11% gesteigert wurde (Saqlain et. al., 2019). In datengetriebenen Innovationsprojekten der Europäischen Union (EU, *European Union*) konnten zwischen 25% und 50% an Energie und Emissionen von Kohlenstoffdioxid, Feinstaub und Stickstoffoxide um bis zu 23% eingespart werden. Abfälle konnten um 10% und ungenutzte Kapazitäten um 20% reduziert werden. Zur Reduzierung des Energieverbrauchs von Rechenkapazitäten werden Rahmenbedingungen geschaffen. Die Umsätze von datengetriebenen Unternehmen in der EU im Jahr 2018 betrugen 77 Milliarden Euro, mit einem Wachstum von 12% im Vergleich zum Vorjahr (Curry et. al., 2021).

## 1.2. Speicherung digitaler Daten

Daten werden in der Informatik mit der Einheit Bit gemessen, einem Kunstwort aus **bi-**nary und dig**it** (dt. *zweiwertige Ziffer*). Um ein Zeichen digital darzustellen, welches von Menschen interpretiert werden kann, werden 8 Bit oder 1 Byte benötigt, einem Kunstwort basierend auf einem Bit und dem englischen bite (dt. *der Bissen*).

**Abbildung 1: Zunahme an digital gespeicherten Daten seit 1986**

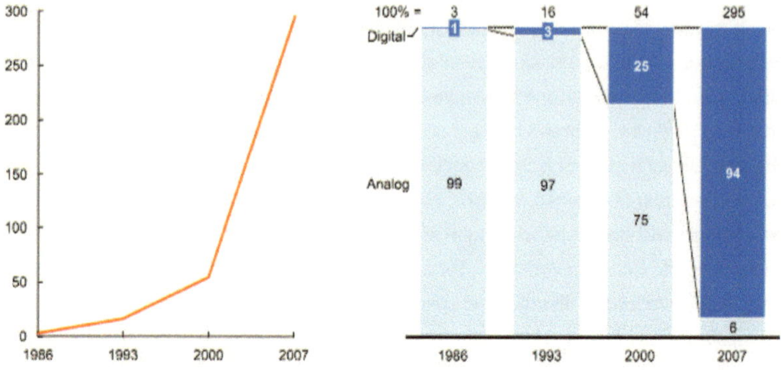

Sowohl in der linken wie auch in der rechten Grafik sind die Werte in Exabyte angegeben, während in der rechten Grafik der Anteil der in analog, beziehungsweise digital gespeicherten Daten prozentual ist. Das Volumen der insgesamt digital gespeicherten Daten ist exponentiell angestiegen. Die Visualisierung ist nicht um Daten nach dem Jahr 2007 ergänzt worden, da die Darstellung einer geradezu vertikalen Linie keine Übersicht liefert (Mankiya et. al., 2011 zit. n. Hilbert & Lopéz, 2011)

Der Rechner des Autors hat eine Speicherkapazität von 120 Gigabyte (GB, $10^9$ Byte) und auch heutzutage würde eine Datenbank dieser Größe nicht als klein bezeichnet werden, obwohl ein Speicher dieser Größe für weniger als 20 € erworben werden kann (Jacobs, 2009).

Im Jahr 2010 wurden mehr als 7 Exabyte (EB, $10^{18}$ Byte) an Daten weltweit von Unternehmen gespeichert (engl. *data-at-rest*). Wenn jegliche verbale Kommunikation als Text digitalisiert gespeichert werden würde, entspräche dies einem Datensatz von 5 EB - weniger als die jährlich produzierten Daten aller Nutzer digitaler Geräte, welche 6 EB an Speicher verbuchen. Die Masse an Daten und der Detailgrad der Informationen in Multimedia und dem Internet der Dinge (IoT, *Internet of Things*) wachsen exponentiell (Mankiya et. al., 2011).

Im Jahr 2020 wurden bereits 59000 EB, also 59 Zettabyte (ZB, $10^{21}$ Byte) weltweit gespeichert und verarbeitet. Bis 2025 soll die gesamte Datenmenge auf 175 ZB anwachsen (International Data Corporation, 2020).

## 1.3. Rechenkapazität

Seit 1986 ist die Kapazität, Daten digital zu speichern um 23% pro Jahr gestiegen, während die Rechenkapazitäten zur digitalen Datenverarbeitung um 58% pro Jahr gestiegen sind (Hilbert & Lopéz, 2011 zit. n. Mankiya et. al., 2011).

**Abbildung 2: Zunahme der Rechenkapazität seit 1986**

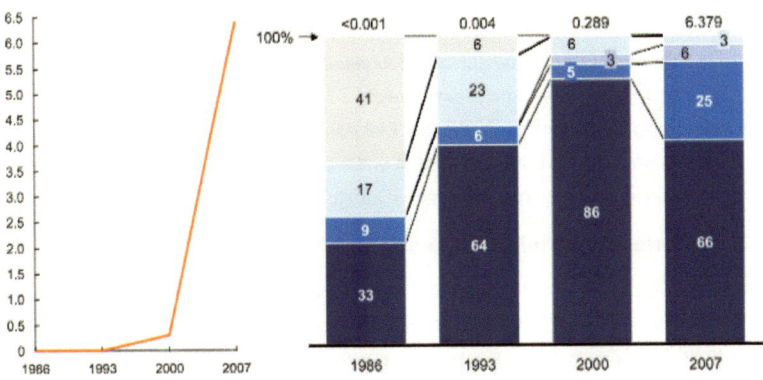

Sowohl in der linken wie auch in der rechten Grafik sind die Werte in $10^{12}$ Millionen Rechenanweisungen pro Sekunde angegeben. Die grauen Werte der rechten Grafik entsprechen dem jeweiligen Anteil an gesamter Rechenkapazität der global vorhandenen Taschenrechnern, während dunkelblau Rechner (PC, *Personal Computer*), türkis Server, hellblau Videokonsolen und mattblau mobile Geräte beschreibt. Der Anteil der Rechenkapazität von Supercomputern ist zwar nicht sichtbar, jedoch für die Berechnung wissenschaftlicher und großer Datensätze am relevantesten (Hilbert & Lopéz, 2011 zit. n. Mankiya et. al., 2011)

Auch, wenn immer größere Mengen an Daten gespeichert und verarbeitet werden können, stoßen die Kapazitäten schnell an ihre Grenzen, wenn es darum geht, Datenbanken der Größe von 100 GB zu nutzen. Abhilfe kann dabei die Miete von leistungsstarken Rechenkapazitäten (HPC, *High Performance Computing*) von Dienstleistern (IaaS, *Infrastructure-as-a-Service*) schaffen, wodurch Großrechner mit 128 GB Arbeitsspeicher bereitgestellt werden können (Jacobs, 2009).

Eine Alternative ist es, die Auswertung der Maschinendaten im lokalen Netzwerk durchzuführen (EC, *Edge Computing*), damit Datensätze klein bleiben und mit weniger Rechenkapazität schneller verarbeitet werden. Dies ermöglicht eine zeitnahe, automatisierte Entscheidung unabhängig von den Auswertungen aller vergleichbarer Produktionsumgebungen (Illa & Padhi, 2018).

## 2. Fertigende Industrie

### 2.1. Volkswirtschaftliche Definition der fertigenden Industrie

Mithilfe der Bruttowertschöpfung, abgeleitet aus den Produktionskonten der Wirtschaftszweige und -bereiche, ist es möglich, Strukturentwicklungen innerhalb einer Volkswirtschaft abzubilden. Das Statistische Bundesamt unterteilt eine Volkswirtschaft in drei Sektoren (Bofinger, 2011 zit. n. Cempas, 2016):

1. Primärsektor – Land und Forstwirtschaft und Fischerei
2. Sekundärsektor – Industrie und Baugewerbe
3. Tertiärsektor – Dienstleistungsbereich

Die Herstellung von Automobilen, Waffen, Elektronik, verarbeiteter Trocken- und Tiefkühlnahrung wie auch Getränken in Dosen und Flaschen sind Beispiele für eine Massenproduktion in der fertigenden Industrie (Oduza, 2020).

### 2.2. Historie industrieller Revolutionen

Bisher gab es vier industrielle Revolutionen, beginnend mit der ersten und der Nutzung von Dampfmaschinen im Jahr 1784. Darauf folgte die zweite industrielle Revolution im Jahr 1870, welche mithilfe elektrischer Energie eine Massenproduktion von Gütern ermöglichte. Während der dritten industriellen Revolution ab 1970 wurden Informationssysteme zur Automatisierung genutzt und die derzeitige vierte industrielle Revolution (I4.0, *Industry 4.0*) baut mit dem industriellen Internet der Dinge (IIoT, *Industrial Internet of Things*) und Cyber-Physikalischen Produktionssystemen (CPPS, *Cyber Physical Production Systems*), der Verbindung von Automatisierungstechnik zur Steuerung und Überwachung von Produktionsanlagen (OT, *Operational Technology*) und IT darauf auf. Die industriellen Revolutionen, welche vor über drei Jahrhunderten begonnen haben, bilden so die Grundlage für die heutige Fertigung von Gütern und steigern mithilfe neuer Technologien die Produktivität des Sekundärsektors. Seit der zweiten industriellen Revolution behält die Massenproduktion ein hohes Absatzvolumen bei, um globale Nachfragen und Bedürfnisse abzudecken. Für komplexe Produkte wie Automobile oder Flugzeuge benötigt es in vielen Fällen eine Reihe spezialisierter Unternehmen, welche eine Wertschöpfungskette für den Transport und Fertigstellung bilden (Oduza, 2020).

## 2.3. Daten als Grundlage zur Qualitätssicherung

Für ein fundamentales Konzept einer nachverfolgbaren Wareneinheit (TRU, *Traceable Resource Unit*) müssen Qualität und ein Objekt definiert werden, welches einzigartige Merkmale vorweisen kann (Kim et. al., 1995 zit. n. Kelepouris, Pramatari & Doukidis, 2007). Dafür müssen vier Elemente eindeutig sein (Jansen-Vullers et. al., 2003 zit. n. Kelepouris, Pramatari & Doukidis, 2007):

1. Inventarbeschaffenheit
2. Sammlung von Prozess- und Verfolgungsdaten
3. Produktidentifikation und Prozessanbindung
4. Kommunikation von Systemdaten

Im PLM wird das Ziel gesetzt Fehler zu vermeiden und eine gewünschte Produktqualität zu garantieren, wofür Produktionsprozesse kontrolliert und optimiert werden. Jegliche Änderungen an einem Produkt und der Zustand beim Transport müssen überwacht werden und nachvollziehbar sein. Die Identifikation einer TRU muss für alle Partner der Logistikkette einheitlich sein. Sollte das nicht der Fall sein, muss ein Abgleich der Daten erfolgen. Dies erfolgt meist zu höheren Kosten und Verlusten in der Genauigkeit der Daten. Unabhängig der Informationen über ein Produkt muss auch die jeweilige Station einer TRU festgehalten werden um den exakten Weg von der Herstellung, Verarbeitung, Verpackung und Versand bis zum Verkauf nachvollziehen zu können (Kelepouris, Pramatari & Doukidis, 2007).

## 2.4. Industrielle Datenerfassung

Durch die zunehmende immer höher werdende Vernetzung von Fertigungsanlagen im Rahmen der digitalen Transformation generiert die Fertigungsindustrie als Konsequenz kontinuierlich hohe Datenmengen. Eine zielgerichtete Nutzung der Daten ohne lange Transportwege bei gleichzeitiger Verarbeitung dieser Daten zur Generierung und Nutzung neuen Wissens ist dabei eine zentrale Herausforderung (Schellinger, Tokarski, Kissling-Näf, 2021). Die Daten werden entweder automatisch oder manuell generiert. Bei der automatischen Direkteingabe werden die Eingabedaten von Sensoren erfasst und direkt einem Computer zugeleitet; dies geschieht bei Robotern in der Fertigungsindustrie. Die manuelle Direkteingabe erfolgt über Tastatur und/oder Maus an einem PC, Bildschirmterminal oder Betriebsdatenerfassungsgerät, einer Datenkasse usw. durch Antippen eines berührungsempfindlichen Bildschirms (engl. *Touchscreen*) oder mit einem speziellen Hilfsmittel für grafische Arbeitsplätze wie einem Lichtstift oder Digitalisiertablett (Leimeister, 2015).

## 2.5. Industrielles Internet der Dinge

Die verbreitete Anwendung von Sensoren (WSN, *Wireless Sensor Networks*), Kontrollsystemen (SCADA, *Supervisory Control and Data Acqusition*) und speicherprogrammierbaren Steuerungen (PLC, *Programmable Logic Controller*) - oft auch als Kommunikation von Maschine-zu-Maschine (M2M, *Machine-to-machine*) bezeichnet, welche

Daten und Metadaten (Daten über Daten) der physischen Welt erfassen und über Netzwerk- und Kommunikationsprotokolle (TCP/IP, *Transport Control Protocol/Internet Protocol*) an Rechenressourcen angeschlossen sind, beeinflussen das Wachstum der Anwendungsfälle für IBDA und machen den Großteil aller Datenströme (engl. *data-in-motion*) aus (Curry et. al., 2021).

Dazu gehören in der Gebäudeautomatisierung die Heiz- und Kühlanlagen, Beleuchtung und Energiezähler. Für das Gesundheitswesen relevante tragbare Geräte (engl. *Wearables*) erfassen den Blutdruck oder Herzschlag. Die global verteilten Wertschöpfungsketten der Logistik (SCM, *Supply Chain Management*) und der fertigenden Industrie erzeugen durch die Erfassung einer TRU mithilfe passiver Radiofrequenzetiketten (RFID, *Radio Frequency Identification*) und der Sensorik in Vehikeln große Datensätze (Mankiya et. al., 2011).

**Abbildung 3: Modell eines industriellen Datenmanagementsystems**

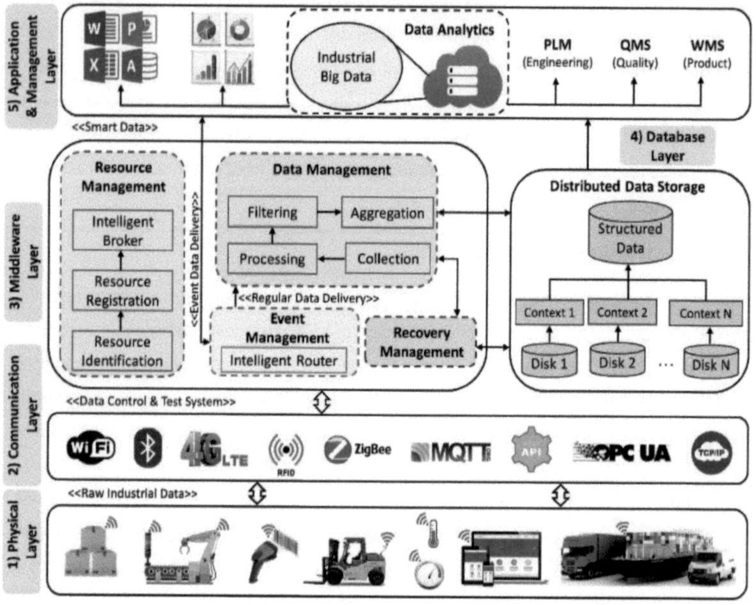

Fünf Ebenen der industriellen Datenverarbeitung: physikalische Geräte und Maschinen erzeugen und erfassen Daten und werden über Kommunikationsprotokolle (wie WiFi, Bluetooth, 4G/LTE/5G, RFID, ZigBee, MQTT, RESTful API, OPC-UA, TCP/IP) an automatisierte Prozesse zur Datenaufbereitung übergeben, welche die Daten verteilt zur weiteren Verarbeitung speichern. In der obersten Ebene können die Daten analysiert und visualisiert werden (Saqlain, et. al., 2019)

Vor, während und nach einem Flug werden die Daten der Sensorik über den Zustand jedes mechatronischen Geräts wie eines Druckventils oder Tanks, des Drucks, der Tankfüllung, der Innen- und Außentemperatur, der relativen wie auch absoluten Windgeschwindigkeit, Position des Flugzeugs wie auch die persönlichen und Transaktionsdaten jedes Passagiers verarbeitet. Eine einzige Turbine eines Airbus A380 generiert 20 Terabyte (TB, $10^{12}$ Byte) Daten pro Stunde (Zhong et. al., 2015).

## 2.6. Smart Factory System

Hinter dem Begriff eines schlauen Fabriksystems (SFS, *Smart Factory System*) steht eine massive Digitalisierung, die vielen Industrien den Weg hin zum lösungsorientierten Produkt-Dienstleistungs-Anbieter ebnen soll (Leimeister, 2015).

**Abbildung 4: Was ist ein Smart Factory System?**

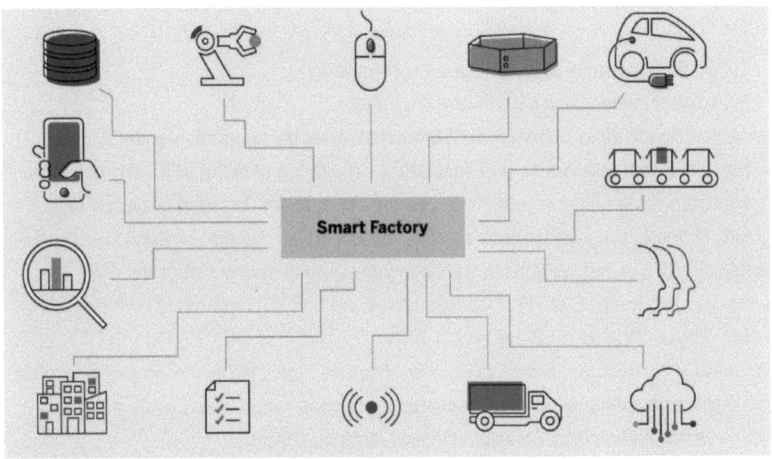

Visualisierung der Faktoren, welche Produktionsprozesse in einer Fertigungsanlage intelligenter gestalten, damit diese digitalisiert und Basis eines SFS werden (Quelle: SAP Insights, 2021)

Ein SFS besitzt ein hochflexibles Produktionssystem, welches fähig ist, einzelne Module mit höchster Präzision und besserer Qualität zu günstigeren Konditionen herzustellen als herkömmliche Produktionsanlagen. Zusätzlich wird ein Logistiksystem benötigt, welches auf einzelne Komponenten spezialisiert ist. Dafür müssen jegliche Systeme digitalisiert sein (Akdogan & Vanli, 2020).

## 2.7. Personalisierte Produktion

Die Charakteristiken eines Produktes während einer Massenproduktion sind Qualität und Kosten. Das Ziel einer individualisierten Massenproduktion sind Qualität, Kosten und Vielfalt. Für eine personalisierte Produktion ist zusätzlich eine effiziente Nutzung der Herstellungsprozesse wichtig. Ein Konsument kauft das Produkt einer Massenfertigung. Bei einer individualisierten Massenanfertigung entscheidet der Kunde, was er kauft. Für eine personalisierte Produktion bestimmt der Kunde, welche Merkmale das Produkt haben soll und kauft es, wenn es dessen Ansprüchen gerecht wird (Oduza, 2020).

# 3. Analyse großer Datensätze

## 3.1. Datenaufbereitung

Einen großen Datensatz machen mehrere Faktoren aus (Hofmann, 2017 zit. n. Omar et. al., 2019). Dazu gehören

1. das Volumen, also der Umfang des Datensatzes
2. die Geschwindigkeit mit der die Datenmengen generiert und transferiert werden
3. die Bandbreite der Datentypen und -quellen
4. die Echtheit, also die Validität der Daten

Im ersten Schritt einer IBDA werden Datensätze über die zu betrachtende Situation extrahiert, aufbereitet und in eine geschützte Umgebung geladen (ETL, *Extract, Transform, Load*). Daten müssen auffindbar, zugreifbar, nutzbar und reproduzierbar sein (FAIR, *findable, accessible, interoperable, reproducible*). Die Aufbereitung benötigt Talentenwicklung in den vielfältigen Bereichen der Datenwissenschaft (engl. *Data Science*) wie Informatik, Statistik, Datenvisualisierung und 80% der Arbeitszeit eines Analysten (Press, 2016 zit. n. Curry et. al., 2021).

Moderne Infrastrukturen bieten zwar innovative Lösungen, jedoch muss die Integration der Daten von funktionierenden, etablierten Systemen (engl. *legacy systems*) durch nötige Schnittstellen möglich sein (O'Donovan et. al., 2020).

Damit Datensätze innerhalb einer Wertschöpfungskette mit mehreren Teilnehmern verglichen werden können, muss sichergestellt sein, dass die Formatierungen und die Semantik der Datenquellen entsprechend einer gemeinsam definierten Ontologie wie ISO 10303 oder ISA-95 standardisiert sind. Ein Großteil der Daten wird bereits ressourcenoptimiert (JSON, *Javascript Object Notation*) an repräsentative Programmierschnittstellen zur Zustandsübertragung (REST API, *Representational State Transfer Application Programming Interface*) zur weiteren Übertragung (OPC-UA, *Open Platform Communications Unified Architecture*) bereitgestellt (Shariatzadeh et. al, 2016).

Allein in der EU gibt es 27 unterschiedliche Sprachen, welche jeweils unterschiedliche Bezeichnungen für erfasste Daten haben. Datensätze, deren Parameter nicht in Englisch erfasst wurden, müssen transkribiert werden, bevor sie von bestehenden Systemen verarbeitet werden können (Curry et. al., 2021).

Die fehlende Umrechnung von Maßeinheiten im imperialen System in internationale Einheiten (SI, *Système international d'unités*) kostete einer Marsmission bereits mehr als 300 Millionen Euro (National Aeronautics and Space Administration, 1999).

## 3.2. Datenschutz

Bei personenbezogenen Daten oder erfassten Daten einer Maschine, welche einer Person zugeschrieben werden können, muss zudem entschieden werden, ob und wie diese Daten nach geltenden Datenschutzgesetzen (GDPR, *General Data Protection Regulation*) und einem System zur Informationssicherheit (ISMS, *Information Security*

*Management System*) entsprechend der Norm ISO 27001 verarbeitet werden (Müller, 2018). Die jeweilige Teilmenge zu schützender Daten eines Datensatzes muss entweder gesondert verarbeitet werden oder aus dem Datensatz gelöscht werden. Personenbezogene Daten wie Vor- und Nachnamen, Adressen, Bankverbindungen und finanzielle Auskünfte, Telefonnummern und E-Mailadressen dürfen nur befugten Instanzen einsehbar sein. Ebenso müssen Metadaten über Zugriffe auf geschützte Informationen verschlüsselt sein. Es benötigt eine dezentrale Architektur (DDS, *Distributed Data Service*), in welcher unterschiedlichste Teilnehmer einer Wertschöpfungskette Daten im gesamten Netzwerk verteilt speichern können, um den Ursprung von Daten und darauf aufbauender Erkenntnisse sicherstellen und transparent nachvollziehen zu können. Eine dezentrale Transaktionsdatenbank (BC, *Blockchain*) ermöglicht sowohl die Sicherstellung von *data-at-rest* wie auch die fortlaufende Integration von *data-in-motion* der Sensorik des IIoT (Curry et. al., 2021).

## 3.3. Datenqualität

Nicht alle Daten, welche entscheidend sind für eine Analyse, können von einem einzigen Unternehmen erfasst, bereitgestellt und auf Validität geprüft werden, weswegen die Anbindung vorhandener Datensätze (DaaS, *Data-as-a-Service*) und zusätzlicher Dienstleister (engl. *microservices*) mithilfe von REST API möglich sein muss (Curry, et. al. 2021). Im weiteren Verlauf der Analyse können Duplikate entfernt und Schnittmengen gebildet werden. Dies reduziert auch die verwendeten Ressourcen, die Zugriffszeit und die Kosten zur Speicherung der Daten (Saqlain, et. al., 2019).

## 3.4. Datenanalyse

Um während einem industriellen Betriebsablauf Sicherheit, Effizienz, Qualität, Profitabilität und nachhaltige Ressourcennutzung zu gewährleisten, werden Daten über die verwendeten Technologien analysiert. Dieses Vorgehen basiert auf der Arbeit von Walter A. Shewhart, welcher vor mehr als 100 Jahren begann, Prozesse methodisch zu überwachen (IPM, *Industrial Process Monitoring*). Dabei werden zuerst die normalen Betriebskonditionen (NOC, *Normal Operating Conditions*) erfasst und gemessen. Basierend auf historischen und aktuellen Daten kann sowohl eine Diagnose des derzeitigen Zustand als auch eine Prognose zukünftiger Zustände erstellt werden (Reis & Gins, 2017).

### 3.4.1. Analysewerkzeuge

Zur Analyse der Zustände von OT können in der IT lizenzfreie Werkzeuge (OSS, *Open Source Software*) verwendet werden, deren Schnittstellen und Methodik als gemeinsame Grundlage übernommen werden kann. Bibliotheken und Pakete sind in Programmiersprachen wie Java, Python, R, Ruby und einer Sprache zur Bearbeitung von relationalen Datenbanken (SQL, *Structured Query Language*) verfügbar. Unstrukturierte Daten werden bevorzugt in einem NoSQL-Datenbankgerüst wie Cassandra, Mongo, Google's BigTable (GFS, *Google File System*) oder Yahoo's Hadoop (HDFS, *Hadoop Distributed File System*) gespeichert. Strukturierte Daten werden in relationalen Datenbankmanagementsystemen (RDBMS, *Relational Databank Management System*) wie Oracle, MySQL oder MS SQL sortiert (BP, *Batch Processing*). Sich schnell verändernde Sensordaten werden zeitnah übertragen und in Rechenarchitekturen wie Apache Spark, Storm oder Flink verarbeitet (SP, *Stream Processing*), welche leistungsstärker als das Vorgehen von GFS und HDFS sind (MR, *Map/Reduce*). Da nicht nur Daten in Netzwerken mehrerer Sensoren generiert werden, sondern auch von mehreren, verteilten Rechensystemen verarbeitet werden, muss die Rechenarchitektur synchronisiert werden (DAG, *Directed Acyclic Graph*). Moderne Systeme des maschinellen Lernens (ML, *Machine Learning*) wie Google's Beam nutzen Kombinationen aus SP, BP, den Modulen Spark, Flink, Apex und eigenen Standards (Wang et. al., 2021).

### 3.4.2. Deskriptive Analyse

Nach empirischer Erfassung der NOC von Prozessen können Abweichungen detektiert werden und so Betriebsabläufe und Abweichungen beschrieben werden. Grundlegend wird dabei gefragt, was passiert. Anhand des Energie- oder Informationsflusses innerhalb eines Systems können Signale ausfindig gemacht werden, welche mögliche Faktoren für einen bevorstehenden Ausfall sein können (von Enzberg et. al., 2020).

Die Abweichungen von der Norm werden in der IPM durch statistische Methoden wie der Hauptkomponentenanalyse (PCA, *Principal Component Analysis*) oder der Bestimmung partiell kleinster Quadrate (PLS, *Partial Least Square*) eruiert. Sensordaten, welche sich schnell ändern können, werden durch einen multivariaten, exponentiell gewichteten, gleitenden Durchschnitt (MEWMA, *Multivariate Exponentially Weighted Moving Average*) beschrieben, sodass älteren Daten eine geringere Wichtigkeit zugeschrieben wird (Shariatzadeh et. al., 2016).

Bei jeglichen Methoden ist entscheidend wie schnell und aussagekräftig eine Detektion von Abweichungen der NOC erfolgt. Wie schnell eine Fehlerdetektion erfolgt, hängt von der durchschnittlichen Signalverarbeitung (ATS, *Average Time to Signal*) ab. Die Aussagekraft der Fehlerdetektion hängt von der Anzahl an Artefakten, beziehungsweise der Rate an Fehlalarmen (FPR, *False Positive Rate*), also statistischen Typ I Fehlern, ab. Mit dem historischen Wissen darüber, wie sich eine Maschine und deren Komponente normalerweise verhält, kann nun gefragt werden, wieso ein Ausfall stattgefunden hat (Reis & Gins, 2017).

### 3.4.3. Prädiktive Analyse

IBDA in I4.0 ermöglicht ein datengetriebenes, strukturiertes Vorgehen und gewinnt an Wichtigkeit im IPM. Bereits in der Gestaltungsphase einer Anlage können Sollbruchstellen und Module einer Maschine bestimmt werden, welche mit höherer Wahrscheinlichkeit ausfallen werden (NISA, *Network Inference Structured Approaches*). Während dem Betrieb können zudem Prozessfehler erfasst werden und je nach Häufigkeit des Auftretens ein weiterer Ausfall vorhergesagt werden (CBA, *Classification-based Approach*). Mit der Fülle an gemessenen Daten über das Verhalten einer Maschine kann nun eine Diagnose darüber getroffen werden, warum es zu einem Ausfall kommen kann. Dabei muss beachtet werden, dass sich nicht alle Variablen gleichermaßen verändern, wenn es zu einem Prozessfehler kommt. Zur weiteren Analyse muss auch zwischen den Daten vor und nach einem Fehler unterschieden werden (Reis & Gins, 2017). Eine Liste der aufgetretenen Prozessfehler trägt zudem bei der iterativen Optimierung einer Anlage bei, indem die Daten dem digitalen Modell eines Bauteils (DT, *Digital Twin*) in Entwurfsprogrammen (CAD, *Computer Aided Design*) dazu genutzt werden, Lösungen zu finden, um Prozessfehler in CPPS zu vermeiden (Uhlemann, Lehmann & Steinhilper, 2017).

### 3.4.4. Präskriptive Analyse

In einer Datenbank der Wartungsprotokolle werden die Reparaturmaßnahmen aller Geräte in einer Produktionsanlage gesammelt. Bei baugleichen Modulen gibt es einen einzigen DT für alle Module, welcher kritische Informationen über Prozess-, Produkt und Wartungsdaten aller Module kombiniert. Ein DT liefert Einblicke in Effekte von Betriebsabläufen auf die Systemintegrität, wodurch Risikobewertungen und Prozessverbesserungen unternommen werden können. Nach zusätzlicher Belastung eines Moduls kann aufgrund der durchschnittlichen Zeit zwischen Ausfällen (MTBF, *Mean Time Between Failures*) vorherbestimmt werden, dass ein Bauteil vorzeitig ausgetauscht werden muss. Dies kann Unfälle und Betriebsausfälle vermeiden. In einem von der EU finanzierten Innovationsprojekt der Benteler International AG konnte die durchschnittlich benötigte Zeit, ein Maschinenelement zu reparieren (MTTR, *Mean Time To Repair*) von 6 h auf 4 h reduziert und die MTBF von 30 Tagen auf 180 Tage erhöht werden (von Enzberg et. al., 2020).

Mit den integrierten Prozess- und Produktdaten von WSN, SCADA und PLC der CPPS ist es möglich, Vorhersagen während der Überwachung und Kontrolle zur Verbesserung eines Prozesses zu treffen. Mithilfe von datengetriebener, präskriptiver Instandhaltung (PdM, *Predictive Maintenance*) lassen sich neue Geschäftsmodelle durch die Ausleihe von Maschinen erschließen (Reis & Gins, 2017). Rolls Royce vermietet Flugzeugturbinen für einen stündlichen Preis und sorgt dafür für die Instandhaltung und Wartung. Die Maschinendaten bleiben dabei Eigentum von Rolls Royce (Omar, Minoufekr & Plapper, 2019).

Damit künstliche Intelligenz (AI, *Artificial Intelligence*) für autoadaptive industrielle Systeme effektiv genutzt werden kann, muss AI für Menschen nachvollziehbare Schritte darstellen können. Dafür werden weitere angewandte Fallstudien und Investitionen zur Implementierung von branchenübergreifenden Schnittstellen benötigt (Franco et. al., 2021).

# 4. Zusammenfassung

Kulturelle Änderungen innerhalb von Organisationen und die technologischen Fortschritte der letzten Jahrzehnte haben es ermöglicht, den Großteil der Informationen eines Betriebes digital zu verarbeiten. Das Volumen an gespeicherten Daten und die Rechenkapazitäten, diese zeitnah zu verarbeiten sind exponentiell angestiegen und verdoppelen sich aktuell jedes zweite Jahr. Die fertigende Industrie ist ein entscheidender Faktor für die Bruttowertschöpfung einer Volkswirtschaft und beschreibt die Massenproduktion von verpackten Nahrungsmitteln und Gebrauchsgegenständen. Technologische Errungenschaften haben Produktionsprozesse automatisiert und effizienter gestaltet, wodurch sich die Rolle des Menschen wie auch die Gesellschaft grundlegend verändert hat. Einen Großteil aller Datenströme weltweit machen automatisierte Zustandsabfragen von Sensorik einer Maschine an die lokale Rechenkapzität einer anderen Maschine zur Entscheidungsfindung für den nächsten Schritt in einem industriellen Prozess aus. Die Fülle an digital verarbeiteten Daten ist seit 1986 exponentiell gewachsen und verdreifacht sich voraussichtlich von 59 ZB im Jahr 2020 auf 175 ZB im Jahr 2025. Die Rechenkapazitäten zur Verarbeitung dieser Daten werden ebenso stärker und beeinflussen die Vielfalt der Anwendungsmöglichkeiten von IBDA. Sind alle Prozesse einer Fertigungsanlage digitalisiert, wird diese SFS bezeichnet. Durch die Fokussierung auf die Herstellung einzelner, modularer Komponenten eines Produkts ist eine personalisierte Produktion möglich, welche Kundenwünsche berücksichtigen und umsetzen kann. Um Datensätze mehrere Teilnehmer einer Wertschöpfungskette verarbeiten zu können, müssen diese standardisierte Formate wie JSON, Schnittstellen wie REST API, OPC-UA und definierte Ontologien in englischer Sprache nach ISO 10303 oder ISA-95 in internationalen Maßeinheiten besitzen. Aufbereitungen ermöglichen eine qualtitative Grundlage um Daten unterschiedlichster Quellen für eine Analyse kombinieren zu können. Falls persönliche Daten verarbeitet werden, müssen diese gemäß geltender Datenschutzgesetze behandelt werden und entsprechend ISO 27001 nur befugten Instanzen zugänglich sein. Eine dezentrale Transaktionsdatenbank ermöglicht es unterschiedlichsten Teilnehmern einer Wertschöpfungskette transparent Fortschritte zu verfolgen. Durch die Anbindung weiterer Datensätze können ganzheitliche Aussagen über eine Situation getroffen werden, wenn jegliche Faktoren, die auf einen Prozess einwirken erfasst und verarbeitet werden. Neben quelloffenen Schnittstellen, Programmiersprachen und Bibliotheken unterstützt maschinelles Lernen die Diagnose, Prognose und Präskription von potenziellen Prozessfehlern. Anhand der Erkenntnisse einer Analyse großer industrieller Datensätze können neue Geschäftsmodelle wie die Vermietung von Modulen mit garantiert reduzierter Ausfallzeit entstehen.

# 5. Fazit

Routinierte handwerkliche und mechanische Prozesse werden dem Menschen durch CPPS abgenommen, sodass dieser sich auf die Aneignung von spezialisiertem Wissen über die Abläufe in einem SFS konzentrieren kann. WSN, SCADA und PLC ermöglichen einen aktuellen DT eines CPPS, welcher im CAD kontinuierlich verbessert wird. Damit OT unterschiedlicher Hersteller und Unternehmen vergleichbar analysiert werden können, benötigen diese Datenformate wie JSON, Kommunikationsprotokolle wie TCP/IP und OPC-UA und Schnittstellen wie eine REST API entsprechend den Normen ISO 10303 und ISA-95 mit alphanumerischen Parametern in Englisch. Personenbezogene Daten werden entsprechend der GDPR und ISO 27001 verarbeitet. IBDA hilft mit der Erfassung von NOC, Methoden wie PCA, PLS, MEWMA, NISA, CBA und ML bei der Reduktion von KPI wie MTTR und MTBF im IPM und ermöglicht PdM. Der Mensch steuert, kontrolliert und optimiert Vorgänge, um Spezialanfertigungen mit höherer Effizienz und Qualität zu geringen Kosten herstellen zu können. Damit die Überwachung und Kontrolle von Systemen an AI übergeben werden kann, werden zusätzliche Investitionen und Forschung zur Erfassung von empirischen Daten zur Implementierung von ML und AI in industriellen Umgebungen benötigt.

# Literaturverzeichnis

Akdogan, A. & Serdar Vanli, A. (Hrsg.). (2020). Mass Production Processes. IntechOpen. doi:10.5772/intechopen.83280

Brynjolfsson, E., Hitt, L. & Kim, H. (2011). Strength in numbers: How does data-driven decision-making affect firm performance? International Conference on Information Systems 2011, ICIS 2011, 1, 541–558. doi:10.2139/ssrn.1819486

Cempas, A. (2016). Einführung in die Makroökonomie. Volkswirtschaftslehre.

Curry, E., Metzger, A., Zillner, S., Pazzaglia, J.-C. & García Robles, A. (Hrsg.). (2021). The Elements of Big Data Value. Cham: Springer International Publishing. doi:10.1007/978-3-030-68176-0

Das Europäische Parlament, Der Rat der Europäischen Union & Die Kommission der Europäischen Union. (2010). Charta der Grundrechte der Europäischen Union. Amtsblatt der Europäischen Union, 389–403.

Das Europäische Parlament & Der Rat der Europäischen Union. (2014). Richtlinie 2014/95/EU im Hinblick auf die Angabe nichtfinanzieller und die Diversität betreffender Informationen durch bestimmte große Unternehmen und Gruppen. Amtsblatt der Europäischen Union.

Davies, T., Walker, S. B., Rubinstein, M. & Perini, F. (2017). Sustainable Manufacturing. (Stark, R., Seliger, G. & Bonvoisin, J., Hrsg.). Cham: Springer International Publishing. doi:10.1007/978-3-319-48514-0

Franco, N., Van, H. M., Dreiser, M. & Weiss, G. (2021). Towards a Self-Adaptive Architecture for Federated Learning of Industrial Automation Systems. 2021 International Symposium on Software Engineering for Adaptive and Self-Managing Systems (SEAMS) (S. 210–216). IEEE. doi:10.1109/SEAMS51251.2021.00035

International Data Corporation. (2020). IDC's Global DataSphere Forecast Shows Continued Steady Growth in the Creation and Consumption of Data. Verfügbar unter: https://www.idc.com/getdoc.jsp?containerId=prUS46286020

Internationale Organisation für Standardisierung. (2014). Industrielle Automatisierungssysteme und Integration – Überblick und grundlegende Prinzipien (ISO 10303); Deutsche und Englische Fassung

Internationale Organisation für Standardisierung. (2015). Qualitätsmanagementsysteme – Grundlagen und Begriffe (ISO 9000); Deutsche und Englische Fassung

Internationale Organisation für Standardisierung. (2017). Informationssicherheitsmanagementsysteme - Anforderungen (ISO 27001); Deutsche und Englische Fassung

International Society of Automation. (2018). ISA-95. InTech Plus.

Illa, P. K. & Padhi, N. (2018). Practical Guide to Smart Factory Transition Using IoT, Big Data and Edge Analytics. IEEE Access, 6, 55162–55170. doi:10.1109/ACCESS.2018.2872799

Jacobs, A. (2009). The pathologies of big data. Communications of the ACM, 52 (8), 36–44. doi:10.1145/1536616.1536632

Kelepouris, T., Pramatari, K. & Doukidis, G. (2007). RFID-enabled traceability in the food supply chain. Industrial Management & Data Systems, 107 (2), 183–200. Emerald Group Publishing Limited. doi:10.1108/02635570710723804

Kiritsis, D. & May, G. (Hrsg.). (2019). Smart Sustainable Manufacturing Systems. Smart Sustainable Manufacturing Systems. MDPI. doi:10.3390/books978-3-03921-202-6

Leimeister, J. M. (2015). Einführung in die Wirtschaftsinformatik. 12 (12. Auflage). St. Gallen: Springer Gabler.

Mankiya, J., Chui, M., Brown, B., Bughin, J., Dobbs, R., Roxburgh, C. et al. (2011). Big data: The next frontier for innovation, competition, and productivity.

Murmura, F., Bravi, L. & Santos, G. (2021). Sustainable Process and Product Innovation in the Eyewear Sector: The Role of Industry 4.0 Enabling Technologies. Sustainability, 13 (1), 365. doi:10.3390/su13010365

Müller, K.-R. (2018). IT-Sicherheit mit System - Integratives IT-Sicherheits-, Kontinuitäts- und Risikomanagement - Sichere Anwendungen - Standards und Practices. Springer Vieweg.

National Aerospace and Space Administration. (1998). Mars Climate Orbiter. 1998-073A. Verfügbar unter: https://nssdc.gsfc.nasa.gov/nmc/spacecraft/display.action?id=1998-073A

O'Donovan, P., Leahy, K., Bruton, K. & O'Sullivan, D. T. J. (2015). An industrial big data pipeline for data-driven analytics maintenance applications in large-scale smart manufacturing facilities. Journal of Big Data, 2 (1), 25. doi:10.1186/s40537-015-0034-z

Oduoza, C. F. (2020). Quality Control Perspectives during Mass Production with a Focus on the Chemical Industry. In Akdogan, A. & Serdar Vanli, A. (Hrsg.), Mass Production Processes. IntechOpen. doi:10.5772/intechopen.90203

Papakostas, N., Constantinescu, C. & Mourtzis, D. (2020). Novel Industry 4.0 Technologies and Applications. MDPI. doi:10.3390/books978-3-03943-584-5

Ratchev, S. (2021). Smart Technologies for Precision Assembly (Band 620). Cham: Springer International Publishing. doi:10.1007/978-3-030-72632-4

ur Rehman, M. H., Yaqoob, I., Salah, K., Imran, M., Jayaraman, P. P. & Perera, C. (2019). The role of big data analytics in industrial Internet of Things. Future Generation Computer Systems, 99, 247–259. doi:10.1016/j.future.2019.04.020

SAP Insights. (2021). What is a Smart Factory. Verfügbar unter: https://insights.sap.com/what-is-a-smart-factory/

Saqlain, Piao, Shim & Lee. (2019). Framework of an IoT-based Industrial Data Management for Smart Manufacturing. Journal of Sensor and Actuator Networks, 8 (2), 25. doi:10.3390/jsan8020025

Schellinger, J., Tokarski, K. O. & Kissling-Näf, I. (2021). Digital Business. Springer Gabler. doi:https://doi.org/10.1007/978-3-658-32323-3

Shariatzadeh, N., Lundholm, T., Lindberg, L. & Sivard, G. (2016). Integration of Digital Factory with Smart Factory Based on Internet of Things. Procedia CIRP, 50, 512–517. doi:10.1016/j.procir.2016.05.050

Uhlemann, T. H.-J., Lehmann, C. & Steinhilper, R. (2017). The Digital Twin: Realizing the Cyber-Physical Production System for Industry 4.0. Procedia CIRP, 61, 335–340. doi:10.1016/j.procir.2016.11.152

United Nations. (2020). The Sustainable Development Goals Report. Verfügbar unter: https://unstats.un.org/sdgs/report/2020/The-Sustainable-Development-Goals-Report-2020.pdf von Enzberg, S., Naskos, A., Metaxa, I., Köchling, D. & Kühn, A. (2020). Implementation and Transfer of Predictive Analytics for Smart Maintenance: A Case Study. Frontiers in Computer Science, 2. doi:10.3389/fcomp.2020.578469

Wang, J., Xu, C., Zhang, J. & Zhong, R. (2021). Big data analytics for intelligent manufacturing systems: A review. Journal of Manufacturing Systems. doi:10.1016/j.jmsy.2021.03.005

Zhong, R. Y., Huang, G. Q., Lan, S., Dai, Q. Y., Chen, X. & Zhang, T. (2015). A big data approach for logistics trajectory discovery from RFID-enabled production data. International Journal of Production Economics, 165, 260–272. doi:10.1016/j.ijpe.2015.02.014

# BEI GRIN MACHT SICH IHR WISSEN BEZAHLT

- Wir veröffentlichen Ihre Hausarbeit,
  Bachelor- und Masterarbeit

- Ihr eigenes eBook und Buch -
  weltweit in allen wichtigen Shops

- Verdienen Sie an jedem Verkauf

Jetzt bei www.GRIN.com hochladen
und kostenlos publizieren